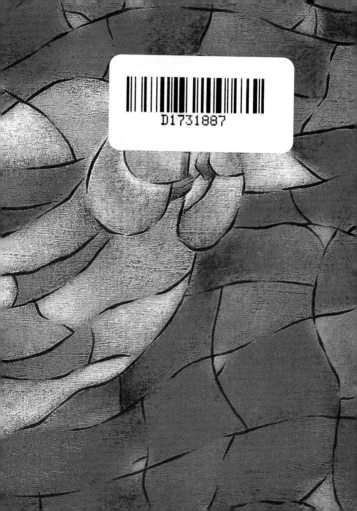

# Stille Nacht

B.G. Hennessy
mit Bildern von Steve Johnson und Lou Fancher
aus dem Amerikanischen von Evelyn Kapaun

First published in the United States
under the title THE FIRST NIGHT by B. G. Hennessy
illustrated by Steve Johnson und Lou Fancher.
Text copyright © B. G. Hennessy, 1993.
Published by arrangement with Viking Penguin,
a division of Penguin Books USA Inc.

© der 1. und 2. deutschsprachigen Ausgabe:
Verlag KeRLE im Verlag Herder & Co, Wien, 1996
© dieser Ausgabe:
KeERLE im Verlag Herder Freiburg, Wien 2000
Druck und Bindung: Proost, Turnhout, Belgien
Alle Rechte vorbehalten.
ISBN 3-451-70341-6

### Über die künstlerische Technik

Die Bilder sind auf Nussholz gemalt.
Die Szenen wurden auf dem Holz vorskizziert und die
Konturlinien mit einem Schnitzwerkzeug eingeritzt.
Auf zwei Schichten Kreidegrund – eine weiß, eine schwarz –
wurden die Bilder mit Acrylfarben gemalt.
Die äußeren Ränder der Holztafeln sind mit Laubsäge geformt.
Sie wurden mit Sandpapier und Schnitzwerkzeug bearbeitet,
um ihnen ihr verwittertes Aussehen zu geben.
Zuletzt wurden die einzelnen Kunstwerke fotografiert
und die Farbdiapositive reproduziert.

Und das Wort ist Fleisch geworden
und hat unter uns gewohnt,
und wir haben seine Herrlichkeit gesehen,
die Herrlichkeit des einzigen Sohnes vom Vater
voll Gnade und Wahrheit.

Johannes 1,14

Am Rand einer alten Stadt

lag ein Feld.

Auf dem Feld

weideten zwei Schäfer

ihre Schafe.

Als die Schafe schliefen,

wanderte ein Stern

über den nächtlichen

Himmel.

Der Stern blieb über einem Stall

in der Stadt unter ihm stehen.

In dem warmen, dunklen Stall

war ein Lamm.

Auch eine Kuh gab es da

und ein Bündel von gelbem,

knisterndem Stroh.

Eine Laterne schien sanft

von einem Dachbalken herunter,

während eine Esel

in einer Ecke schlief.

Da waren eine Mutter,

ein Vater und ein neugeborenes Kind.

Das Kind lag

in einem Bett aus Stroh.

Das Kind sah diese Welt zum ersten Mal.

Es sah das Licht der Laterne,

den Esel und das wollige Lamm.

Es fühlte die Nachtluft,

die weiche Decke,

den Arm seiner Mutter

und seines Vaters Hände.

In diesem warmen, dunklen Stall begann

sein Leben.

**B. G. Hennessy** war künstlerische Leiterin eines großen New Yorker Verlagshauses. Heute lebt sie mit ihrem Mann und drei Söhnen in Scottsdale, Arizona.

**Steve Johnson** und **Lou Fancher** haben schon fünf Kinderbücher gemeinsam illustriert. Sie wurden mit der „Gold Medal from the Society of Illustrators" ausgezeichnet. Sie sind verheiratet und leben in Minneapolis, Minnesota.

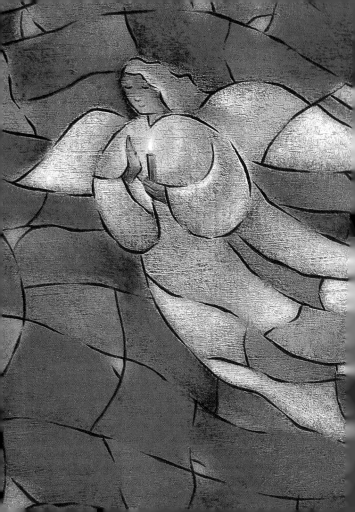